BEI GRIN MACHT SICH IHR WISSEN BEZAHLT

- Wir veröffentlichen Ihre Hausarbeit, Bachelor- und Masterarbeit

- Ihr eigenes eBook und Buch - weltweit in allen wichtigen Shops

- Verdienen Sie an jedem Verkauf

Jetzt bei www.GRIN.com hochladen und kostenlos publizieren

Arbeiten mit Klient*innen im Zwangskontext des Kinder- und Jugendschutzes

E. Theisen

Bibliografische Information der Deutschen Nationalbibliothek:

Die Deutsche Nationalbibliothek verzeichnet diese Publikation in der Deutschen Nationalbibliografie; detaillierte bibliografische Daten sind im Internet über http://dnb.d-nb.de abrufbar.

ISBN: 9783389096369
Dieses Buch ist auch als E-Book erhältlich.

© GRIN Publishing GmbH
Trappentreustraße 1
80339 München

Alle Rechte vorbehalten

Druck und Bindung: Books on Demand GmbH, Norderstedt Germany
Gedruckt auf säurefreiem Papier aus verantwortungsvollen Quellen

Das vorliegende Werk wurde sorgfältig erarbeitet. Dennoch übernehmen Autoren und Verlag für die Richtigkeit von Angaben, Hinweisen, Links und Ratschlägen sowie eventuelle Druckfehler keine Haftung.

Das Buch bei GRIN: https://www.grin.com/document/1524565

Inhalt

1. Einleitung 1
2. Zwangskontext im Kinder- und Jugendschutz 2
   2.1 Ausgangskonstellation im Zwangskontext 2
   2.2 Rechtliche Aspekte des Kinder- und Jugendschutzes 3
3. Beziehungsarbeit als Basis gelingender Hilfen 5
   3.1 Die Helfer*innen-Klient*innen-Beziehung 5
   3.2 Veränderung des Arbeitsauftrages im Zwangskontext 6
4. Haltungen und Vorgehensweisen 7
5. Fallbeispiel 9
   5.1 Ausgangssituation 9
   5.2 Konkretes Beispiel 10
   5.3 Methodische Reflektion 12
6. Fazit 12
Literarturverzeichnis 14

1. Einleitung

Es gibt rund 600 Jugendämter in Deutschland, welche sich auf unterschiedlichster Weise für Kinder und Jugendliche einsetzen. Dabei gibt es verschiedene Auffassungen, wie Kinder- und Jugendschutz auszusehen hat. Bei allen geht es jedoch darum, dass Vernachlässigung, Misshandlung oder Missbrauch von Kindern und Jugendlichen zukünftig verhindert werden soll. Die Vorgaben, Weisungen und Standards in der Arbeit der Jugendämter führt, statt der erhofften Sicherheit, eher zu erhöhter Verunsicherung der Fachkräfte. Sozialarbeiter*innen haben kaum noch die Möglichkeit, eigene fachliche Entscheidungen zu treffen.[1] Verhaltensauffälligkeiten werden in der heutigen Gesellschaft nicht mehr in Entstehungszusammenhängen, sondern in Risikogesichtspunkten gesehen.

Diese Hausarbeit setzt sich mit der Problemstellung auseinander, wie unter den Voraussetzungen der einheitlichen Standards, dennoch eine gute Beziehungsarbeit entstehen und aufgebaut werden kann. Diese Betrachtung führt zu folgender Fragestellung: Wie gelingt gute Beziehungsarbeit trotz Zwangskontext am Beispiel der Arbeit im Allgemeinen Sozialen Dienst (ASD) des Jugendamtes? Dabei wird auf die Arbeit der professionellen Helfer*innen des Allgemeinen Sozialen Dienstes (ASD) der Jugendämter Bezug genommen. Die ablehnende Haltung der Klient*innen, welche aufgrund von Auflagen Hilfe zur Erziehung anzunehmen haben, erschwert den Beziehungsaufbau enorm. Wichtig ist es hierbei, „in der Unfreiwilligkeit kein Hindernis für eine gute Zusammenarbeit zu sehen."[2] Häufig wird dieser Zwangskontext von den Klient*innen auch als Macht verstanden, da die professionellen Helfer*innen in der Position sind, Einfluss auf die Klient*innen in Bezug auf deren Einstellung und Verhalten zu nehmen. Die Handlungskompetenz der professionellen Helfer*innen stellt sich hier als Machtquelle dar. Die Kinder- und Jugendhilfe bildet in der Sozialen Arbeit ein eigenes System, welches neben den strukturierenden Institutionen, wie zum Beispiel das Jugendamt, auch gesetzliche Vorgaben, die Beschreibung von Krisensituationen und Konzepte für das professionelle Handeln umfassen. Durch systemische Basiskonzepte soll ein Rahmen geschaffen werden, in dem die oben genannten Institutionen, Arbeitsfelder etc. als Systeme verstanden werden. Hier geht es darum, einen professionellen Bezug zwischen dem systemischen Konzept der Kinder- und Jugendhilfe zu den Klient*innen mit den passenden Methoden herzustellen.[3]

Nachdem im ersten Kapitel der Zwangskontext im Kinder- und Jugendschutz dargestellt wird, wird im zweiten Kapitel auf die Wichtigkeit der Beziehungsarbeit eingehen, gerade in Bezug auf die Helfer*innen-Klient*innen-Beziehung und die Herausforderungen des

---

[1] Vgl. Conen 2014: 7.
[2] Conen/Cecchin 2022: 10.
[3] Vgl. Ritscher 2005: 10 ff.

Zwangskontextes eingegangen. Anschließend werden die Haltung und Vorgehensweisen, die in der systemischen Arbeit im Kinder- und Jugendschutz eingenommen werden, sollte, dargestellt und anhand eines Fallbeispiels aus der eigenen Praxis geschildert. Im abschließenden Fazit werden die wichtigsten Erkenntnisse zusammengefasst und die eingangs gestellte Forschungsfrage beantwortet.

2. Zwangskontext im Kinder- und Jugendschutz

Dieses Kapitel beschäftigt sich mit dem Zwangskontext im Kinder- und Jugendschutz. Im Folgenden wird zunächst die Ausgangskonstellation im Zwangskontext dargestellt. Anschließend wird auf wichtige rechtliche Aspekte des Kinder- und Jugendschutzes eingegangen.

2.1 Ausgangskonstellation im Zwangskontext

Zwangskontext entsteht dort, wo Hilfen nicht freiwillig, sondern auf Basis zwingender Notwendigkeit beruhen. Meist wird die Notwendigkeit außerhalb des Familiensystems wahrgenommen, zum Beispiel durch Nachbarn, Lehrer oder Ärzte. Durch die Fremdmeldung entsteht Zwang, welcher für professionelle Helfer*innen, gerade aus berufsethischen Gründen, eine Schwierigkeit darstellt. Daher versuchen professionelle Helfer*innen häufig, die Klient*innen zur Einsicht der Notwendigkeit zu bewegen, um den ansonsten erforderlichen Druck oder Zwang umgehen zu können. Um Verhalten beeinflussen zu können, nutzen professionelle Helfer*innen Sanktionen oder Drohungen. Dies soll dazu führen, dass die Klient*innen die zwanghafte Hilfe strategisch als hilfreich und nützlich sehen.[4] Gerade im Kinder- und Jugendschutz geht der Zwangskontext auch mit dem Verlust von Privilegien und Ressourcen, zum Beispiel durch Entzug der elterlichen Sorge oder Inobhutnahme des Kindes, einher. Dies trägt häufig dazu bei, dass der Hilfe, trotz Zwangskontext, zugestimmt wird. Die Ausgangskonstellation im Zwangskontext ergibt sich daraus, dass die Hilfe nicht von den Klient*innen selbst eingefordert wird. Nicht unbeachtlich sind hierbei die rechtlichen Aspekte, die mit Konsequenzen einhergehen. Dies führt dazu, dass die Klient*innen Kontakt zum Sozialen Dienst aufnehmen müssen, da es keine Alternative gibt. Dies gilt jedoch auch für die professionellen Helfer*innen, die die Klient*innen nicht aufgrund mangelnder Motivation ablehnen können. Aber was ist zu tun, bei fehlender Motivation der Klient*innen?[5] Wie kann es dem Sozialen Dienst gelingen, den Klient*innen, welche für sich keine Perspektive sehen, davon zu überzeugen, dass sie die nötige Motivation aufbringen, um den Erfolg der Hilfe zu gewährleisten? Ein Weg ist es, gerade im Kontext des Kinder- und Jugendschutzes, die Risikoeinschätzung unter der

---
[4] Vgl. Conen/Cecchin 2022: 71 ff.
[5] Vgl. Klug/Zobrist 2016: 16 ff.

Prämisse zu führen, dass Problemverhalten auch als Lösungsverhalten zu betrachten ist. Hierfür ist es wichtig, eine systemische Sichtweise zuzulassen. Gelingt es den professionellen Helfer*innen, den Klient*innen die positiven Aspekte des Problemverhaltens zu verdeutlichen, erkennen diese auch ihre positive Anstrengung und es ermöglicht ihnen, offener für konstruktive Lösungen zu sein. Systemisch betrachtet hat jeder Mensch Fähigkeiten, Stärken und Ressourcen in sich. Es gibt jedoch verschiedene Gründe, warum manche Menschen diese nicht vollumfänglich nutzen können. Sie benötigen Hilfe dabei, ihre eigenen Fähigkeiten zu erkennen. Es bedarf der Veränderung im bisherigen System.[6] Denn „die wichtigste […] Handlung im Zwangskontext besteht darin, mit einer unfreiwilligen, unmotivierten Klient*innen auszuhandeln, wie aus ihr eine zwar immer noch unfreiwillige, aber für eine Problemlösung motivierte Klient*innen werden kann."[7] Meist haben viele Jugendhilfefamilien bereits eine langjährige Beziehung zu dem zuständigen Jugendamt und es fällt ihnen schwer, mit den Institutionen und Einrichtungen zusammen zu arbeiten. Anstatt durch die Institutionen Hilfe zu erfahren, empfinden diese Familien die Begegnungen mit den professionellen Helfer*innen eher als zusätzliches Problem. Diese Jugendhilfefamilien sind meist durch ungelöste Loyalitätsbindungen an die eigenen Eltern beeinflusst und so wird das Scheitern der eigenen Eltern an der Erziehung über die Generationen fortgesetzt. Obwohl dies wichtige Grundsteine bei der Arbeit im Zwangskontext sind, werden diese Sichtweisen, auf die Generationen von Kindeswohlgefährdungen, selten bei der Arbeit mit den Jugendhilfefamilien berücksichtigt. Durch den Druck der gerichtlichen Anordnung von Hilfemaßnahmen stimmen die Kindeseltern diesen zwar formal zu, stehen aber nicht ehrlich dahinter. Daher ist es wichtig, dass die professionellen Helfer*innen die anfängliche Feindseligkeit der Klient*innen akzeptieren und dennoch empathisch bleiben und ihre Unterstützung anbieten. Damit eine Zuwendung zu der Familie als System gelingt, kann es von Vorteil sein, sich an der Beziehung der Kindeseltern zu den Kindern auszurichten.[8]

2.2 Rechtliche Aspekte des Kinder- und Jugendschutzes
Ein wichtiger Aspekt im Kinder- und Jugendschutz stellt das Wächteramt dar, welches gemäß Art. 6 Satz 2 im GG vorsieht, dass die statliche Gemeinschaft darüber zu wachen hat, dass die Eltern ihr natürliches Recht, Kinder zu pflegen und zu erziehen, ordentlich ausführen.[9] Auch das Kinder- und Jugendhilfegesetz bildet eine Grundlage für den Kinder- und Jugendschutz. So steht gleich im ersten Paragrafen geschrieben: „Jeder junge Mensch hat ein Recht auf Förderung seiner Entwicklung und auf Erziehung zu einer eigenverantwortlichen und

---

[6] Vgl. Conen 2014: 9 ff.
[7] Gumpinger 2001b: 17
[8] Vgl. Conen/Cecchin 2022: 158 ff.
[9] Vgl. Art. 6 S. 2 GG

gemeinschaftsfähigen Persönlichkeit."[10] Denn gerade der Kinder- und Jugendschutz ist etwas, das Alle angeht. Dies ist vor allem der Sorge geschuldet, dass Kinder und Jugendliche sich in ihrer Rolle als nachfolgende Generation gut entwickeln können. Es geht darum, dass Gefährdungen, die die Lebensumwelt teilweise mit sich bringt, möglichst nicht entstehen oder aufgeklärt und bewältigt werden sowie die Regelung des generellen Umgangs mit Gefährdungen. Es werden auch in Zukunft nicht alle Gefahren ausgeschlossen werden können. Sollte eine Gefährdung unvermeidbar oder sogar toleriert werden, gilt es, die Beteiligten über deren Auswirkung aufzuklären und zu einem verantwortlichen Handeln anzuleiten.[11] Das Kinder- und Jugendschutzgesetz sieht vor, dass die Förderung der Kompetenz der Eltern Vorrang vor der Trennung der Kinder von ihren Familien hat. Erst wenn hierbei keinerlei Entwicklungsmöglichkeiten ersichtlich sind, um eine Kindeswohlgefährdung abwenden zu können, sollen Hilfemaßnahmen außerhalb der Familie eingeleitet werden.[12] Die Arbeit im ASD basiert überwiegend auf der Rechtsgrundlage des SGB VIII. Konkretisiert wurde der Schutzauftrag gegenüber Kindern und Jugendlichen durch den §8a SGB VIII. Hierbei wird klar definiert, wie das Jugendamt im Falle einer Kindeswohlgefährdung vorzugehen hat. Dies beinhaltet auch, das Familiengericht anzurufen, sollte dies zur Abwendung einer Kindeswohlgefährdung erforderlich sein und wenn ein Kind in Obhut genommen werden muss. Dies ist dann der Fall, wenn erforderliche Hilfen nicht in Anspruch genommen werden oder nicht ausreichen.[13] Die familiengerichtlichen Regelungen im SGB VIII, sowie im BGB haben in verschiedener Weise Auswirkungen auf die Arbeit im ASD des Jugendamtes. Um diese massive Form der Intervention vorzubeugen ist es die Aufgabe des ASD, alle Beteiligten vorerst auf sozialpädagogischen Wegen zu einer gemeinsamen Gefährdungseinschätzung gewinnen zu können. Dabei ist zu beachten, dass das Jugendamt nicht dazu befugt ist, derart in die elterlichen Rechte einzugreifen. Es sei denn, die direkte Notwendigkeit des Eingreifens ist erforderlich und die Entscheidung des Gerichts kann nicht abgewartet werden. Da die Anrufung des Familiengerichts von allen Beteiligten als Misstrauensbekundung aufgefasst werden kann, sind die professionellen Helfer*innen des ASD dazu angehalten, vorab sozialpädagogisch auf die Klient*innen einzuwirken. Bei der Anrufung des Familiengerichtes sollten die professionellen Helfer*innen des ASD vorab immer reflektieren, welche möglichen Eigeninteressen dahinterstehen. Hierbei sind auch die möglichen negativen Effekte zu berücksichtigen, die die Anrufung des Familiengerichtes mit sich bringt. Dazu gehören unter anderem auch die Auswirkungen auf den zukünftigen Vertrauensaufbau und die Effektivität der Hilfe.[14]

---

[10] §1 S. 1 SGB VIII
[11] Vgl. https://www.familienhandbuch.de/familie-leben/recht/kinder-jugendliche/gesetzlicheregelungenzumkinderundjugendschutz.php
[12] Vgl. Kron-Klees 2005: 86 ff.
[13] Vgl. Nonninger/Meysen 2015: 98
[14] Vgl. Meysen/Nonninger 2015: 123 ff.

3. Beziehungsarbeit als Basis gelingender Hilfen

Im nachfolgenden Kapitel wird die Beziehung zwischen Helfer*innen und Klient*innen dargestellt und wie sich diese im Arbeitsauftrag des Zwangskontextes verändert.

3.1 Die Helfer*innen-Klient*innen-Beziehung

Psychologisch betrachtet, ist eine Beziehung eine Interaktion von Personen. Bei der sozialen Interaktion ist das Verhalten von zwei Menschen voneinander abhängig. Durch die Wiederholungen dieser Interaktion zweier Menschen verfestigt sich die Beziehung.[15] In der Sozialen Arbeit bezieht sich der Begriff Beziehung jedoch auf die professionelle Interaktion zwischen Helfer*innen und Klient*innen. Ein wichtiges Unterscheidungsmerkmal ist die Art und Weise, wie sozialpädagogische Beziehungen entstehen, nämlich meist aus einer Notlage heraus oder durch den Zwangskontext. Auch im Vergleich zur älteren Literatur wird die Notwendigkeit der helfenden Beziehung für das Gelingen sozialpädagogischer und beratender Hilfe in der neuen Literatur in keiner Weise in Frage gestellt und als unabdingbar empfunden.[16] Beziehung ist daher ein wichtiger Wirkfaktor für die Ressourcenförderung. Bei der systemischen Pädagogik bedient man sich eher systemischen Techniken, wie zum Beispiel des Familienbrettes, und weniger den systemischen Bezügen der Beziehungsgestaltung im Alltag der Klient*innen. Beziehungen dienen dazu, die Klient*innen anzuregen, eigene Ressourcen zu entwickeln und zu fördern.[17] Es ist anzunehmen, dass Beziehung als natürlicher Prozess zu verstehen ist und von allein, durch Alltagserfahrungen und Alltagswissen, wächst. Unter diesem Aspekt könnte man davon ausgehen, dass Beziehung in professionellen Kontexten auch dann existiert, wenn man sich dessen gar nicht bewusst ist. In der Sozialen Arbeit des ASD geht es jedoch nicht um die naturgewachsene, sondern um eine spezielle Beziehung, die sich aus dem jeweiligen Kontext ergibt und entwickeln muss.[18] Anne Vickery beschreibt in Ihrem Lehrbuch die Bedeutung der Beziehung wie folgt:

„[…] es kann kein Zweifel daran bestehen, dass für sehr viele Klient*innen die allmähliche Entwicklung einer Beziehung, die ihnen zu Wachstum und Entfaltung verhilft, einfach lebenswichtig ist. Hier müssen wir unterscheiden zwischen Wärme und Engagement, die die meisten Sozialarbeiter in alle ihre Beziehungen einbringen und der bewussten Anlehnung an verhaltenstheoretische Grundsätze"[19]

Es ist also zwingend notwendig, dass das Verhalten der professionellen Helfer*innen sich auf die Bedürfnisse der Klient*innen einrichtet, um eine professionelle Beziehung gestalten zu

---

[15] Vgl. Schäfter 2010: 26
[16] Vgl. Schäfter 2010: 38 ff.
[17] Vgl. Winkelmann 2020: 30 ff.
[18] Vgl. Klug/Zobrist 2016: 57 ff.
[19] Specht/Vickery 1980: 188

können. Beziehungsgestaltung ist ein hervorzuhebender Bestandteil, um die Motivation der Klient*innen zu fördern. Eine gute Beziehungsgestaltung basiert auf einer reflektierten Verfahrensweise.[20] Ein weiterer Ausdruck einer helfenden Beziehung liegt in den fehlenden Ressourcen der Klient*innen, um der Notsituation selbstständig zu entkommen und adäquate Ziele zu erreichen. Diese Klient*innen benötigt daher eine stabile und vertrauensvolle helfende Beziehung, damit sie befähigt werden, sich der misslichen Notsituation zu stellen und diese aus eigenem Antrieb heraus verändern zu können.[21]

3.2 Veränderung des Arbeitsauftrages im Zwangskontext

Wichtig bei der Arbeit im Zwangskontext ist es, dass Beratung und Kontrolle von den professionellen Helfer*innen des ASD miteinander genutzt werden, um ein Fallverständnis zu entwickeln. Ein reflektiertes Fallverständnis geht davon aus, dass die Klient*innen nicht zwingend motiviert sein müssen, um eine Veränderung zuzulassen. Denn nur das Akzeptieren des Nicht-Veränderungs-Interesses der Klient*innen gibt den Weg zur Veränderung frei. In dieser Kontrollrolle der professionellen Helfer*innen des ASD geht es nicht ausschließlich um den Auftrag der sozialen Kontrolle, sondern auch darum, die Klient*innen in ihrer Autonomie und Entscheidungsfreiheit zu verstehen. Das setzt voraus, dass die professionellen Helfer*innen des ASD den Klient*innen zutrauen, sich positiv zu verändern.[22] Der Arbeitsauftrag im Zwangskontext baut auf dem Konflikt und nicht auf dem Kooperationswillen der Klient*innen und auf einer Vertrauensbeziehung auf. Es ist wichtig, bei der Arbeit im Zwangskontext im Hinterkopf zu behalten, dass die Klient*innen nicht um Hilfe gebeten haben, sie also ihrer Meinung nach nicht brauchen. Die professionellen Helfer*innen des ASD sollten die Klient*innen davon überzeugen, dass ein Problem vorliegt, auch wenn die Klient*innen sich dessen nicht bewusst sind. Der Arbeitsauftrag der professionellen Helfer*innen des ASD befindet sich in dem Widerspruch, die Klient*innen zu zwingen und sie um deren Freiheit zu berauben, damit sie wieder unabhängige Personen werden. Dies setzt voraus, dass die Klient*innen den professionellen Helfer*innen aus der Rolle der Beauftragten des Staates loslösen und stattdessen als die Beauftragten der Klient*innen ansehen. Die professionellen Helfer*innen stellen eine Art Hilfsmittel für die Klient*innen dar, damit diese durch die Erkenntnis, dass sie Einfluss auf die Gestaltung der Hilfe haben können, sich selbst helfen können. Für die Fachlichkeit der professionellen Helfer*innen ist es wichtig, sich bei der Arbeit im Zwangskontext darüber im Klaren zu sein, dass die Klient*innen der Hilfe gegenüber eine ablehnende Haltung haben, da die Inanspruchnahme nicht auf Freiwilligkeit basiert. Dies kann Feindseligkeit und Nichtkooperation mit sich bringen. Dieser Mangel an Kooperation steht im Zusammenhang mit der aktuellen Situation

---

[20] Vgl. Klug/Zobrist 2016: 62
[21] Vgl. Neuffer 2013: 29 ff.
[22] Vgl. Conen 2014: 49 ff.

und hat nichts mit der jeweiligen Aktion der professionellen Helfer*innen zu tun. Die Beziehung zwischen den professionellen Helfer*innen und den Klient*innen wird häufig durch deren unkooperatives Verhalten getestet. Dadurch können die Klient*innen abschätzen, wie weit die professionellen Helfer*innen bereit sind, die Klient*innen wirklich zu akzeptieren. Daher ist es wichtig, dass die professionellen Helfer*innen ein aktives und ehrliches Interesse an den Klient*innen zeigen. Da die Klient*innen oft nicht verstehen, dass die professionellen Helfer*innen lediglich ihren Aufgaben nachgehen, stellen diese eine unmittelbare Gefahr dar, vor der sich die Klient*innen schützen wollen. Die Beziehungsgestaltung hängt jedoch von der Wahrnehmung der Klient*innen ab. Genau aus diesem Grund ist es unabdingbar, dass die professionellen Helfer*innen ihre Wertschätzung der Person der Klient*innen zeigen, jedoch nicht gegenüber dem Verhalten. Die Klient*innen müssen sich sicher sein können, dass die professionellen Helfer*innen auch wirklich da sind und den Klient*innen offen darstellen, was sie über die Klient*innen wissen und auch denken. Diese Offenheit trägt dazu bei, dass die Klient*innen auch im Zwangskontext einen eigenen Zugang zu sich und ihren Stärken erhalten.[23] Ein wichtiges Arbeitsprinzip ist die Ressourcenorientierung. Diese Art von Gestaltung einer Beratungsbeziehung basiert auf dem Wunsch nach Verbesserung der akuten Problemlage. Die professionellen Helfer*innen richten dabei den Fokus auf das, was den Klient*innen bereits im Alltag gut gelingt und was bereits erreicht wurde. Dies weckt in den Klient*innen ein Gefühl von Anerkennung und Wahrnehmung und sie gewinnen zunehmend an Vertrauen.[24]

4. Haltungen und Vorgehensweisen

Im Vordergrund der immer wieder intensiv geführten Diskussionen über die Arbeit im Zwangskontext in der Jugendhilfe steht die Auseinandersetzung der fehlenden Motivation der Klient*innen und der eigenen Rolle der professionellen Helfer*innen. Dabei werden vor allem die Entwicklungen der systemisch orientierten Gestaltung der Arbeit im Kinder- und Jugendschutz dokumentiert.[25] Bei nützlicher Betrachtung wäre die Arbeit im Kontext des Kinder- und Jugendschutzes bereits durch die Beschreibung des Arbeitsfeldes als separates Teilsystem der Sozialen Arbeit zu benennen. Strukturiert wird dieses Arbeitsfeld durch die Vielzahl von Einrichtungen der öffentlichen und freien Träger der Jugendhilfe. Der ASD ist als systemisches Case Management zu verstehen, welches koordinierend und als Knotenpunkt in diesem Netzwerk von freien und öffentlichen Trägern fungiert.[26] Eine entscheidende Rolle bei der systemischen Praxis spielt nicht nur die Beziehung zwischen professionellen Helfer*innen und Klient*innen, sondern auch der Kontext, in dem sie stattfindet. Der Beziehungsaufbau wird durch Haltungen

---

[23] Vgl. Conen/Cecchin 2022: 108 ff.
[24] Vgl. Schäfter 2010: 97
[25] Vgl. Conen/Cecchin 2022: 158
[26] Vgl. Rietscher 2005: 19 ff.

und aktivierenden Prämissen mit dem Kontext verbunden. Ebenso ist es wichtig, dass die professionellen Helfer*innen in ihrem systemischen Handeln darauf verzichten, manipulativ oder autoritär auf die Klient*innen einzuwirken.[27] „Das systemische Selbstverständnis besteht darin, professionell angemessene Rahmenbedingungen für konstruktive Veränderungen bereitzustellen und zugleich auf die Idee gezielter und geplanter Veränderung zu verzichten."[28] Die typische Grundhaltung der systemischen Praxis spiegelt sich in den drei Begriffen Ressourcenorientierung, Lösungsorientierung und Kundenorientierung wieder. Basierend auf den Ressourcen der Klient*innen wird durch das steige Interesse an den Klient*innen ein Lösungsweg gefunden. Es wird davon ausgegangen, dass jedes System über die notwendigen Ressourcen verfügt, um Lösungen herbeizurufen, nur dass diese aktuell nicht genutzt werden.[29] Geht man davon aus, dass der Beziehungsaufbau bei der Arbeit des ASD als Wirkfaktor von Ressourcenförderung vorausgesetzt wird, ist der systemische Aspekt auch in dieser Arbeit mit einzubeziehen.[30] Doch nicht immer gelingt es den professionellen Helfer*innen des ASD im Zwangskontext die Helfer*innen-Klient*innen-Beziehung so zu gestalten, dass eine ressourcen- und lösungsorientierte Vorgehensweise zum Tragen kommt. Der Zwangskontext kann die Beratungsabsicht der professionellen Helfer*innen blockieren.[31] Um den Druck im Zwangskontext auf die Klient*innen strukturiert nutzen zu können, ist es erforderlich, dass die professionellen Helfer*innen die Grundhaltung, dass Veränderungen unvermeidbar sind und dass die Beratung im Zwangskontext nicht klientenorientiert ist, da sie vom Gericht oder den überweisenden Institutionen angeordnet ist, einnehmen. Es ist davon auszugehen, dass nicht die Klient*innen das Problem sind, sondern das sozial unerwünschte Verhalten. Die professionellen Helfer*innen sollen sich uneingeschränkt der Person der Klient*innen gegenüber neutral verhalten, jedoch nicht dem Verhalten der Klient*innen. Dabei sollte den Klient*innen das Recht der eigenen Sichtweise nicht abgesprochen werden. Die professionellen Helfer*innen sollten ein Vertrauen in die Fähigkeiten der Klient*innen, eigene Entscheidungen zu treffen, haben. Trotz der direktiven Haltung sollten die professionellen Helfer*innen nicht kontrollierend auf die Klient*innen wirken. Die Klient*innen sollten zur aktiven Beteiligung am Hilfeprozess angehalten werden. Dafür ist es wichtig, dass Kooperationsmöglichkeiten entwickelt werden, auch wenn es keinerlei Übereinstimmungen gibt.[32] Damit die systemische Vorgehensweise im Zwangskontext gelingt ist es wichtig, die Bereitschaft zu entwickeln, den Grund für die Überweisung durch die Institution an einen professionellen Helfer*innen verstehen zu wollen, um die Klient*innen im Kontext mit der überweisenden Institution zu sehen. Dadurch haben professionelle Helfer*innen die Möglichkeit, konstruktiv mit den Klient*innen im bestehenden Zwangskontext zu

---

[27] Vgl. Von Schlippe/Schweitzer 2016: 199
[28] Von Schlippe/Schweitzer 2016: 202
[29] Vgl. Von Schlippe/Schweitzer 2016: 209 ff.
[30] Vgl. Winkelmann 2020: 30 ff.
[31] Vgl. Gerber 2015: 115 ff.
[32] Vgl. Conen/Cecchin 2022: 141 ff.

arbeiten. Der Wille der systemisch orientierten professionellen Helfer*innen, das kreative Potential der Klient*innen trotz Zwangskontext zu entdecken, weckt und verstärkt deren Hoffnung. Ebenfalls ist eine neutrale Vorgehensweise der professionellen Helfer*innen wichtig. Das heißt, dass die professionellen Helfer*innen nicht von den Klient*innen erwarten, dass sie die Dinge genauso sehen, wie die professionellen Helfer*innen. Dennoch muss der Auftrag, mit dem die überweisende Institution die Klient*innen zu den professionellen Helfer*innen überwiesen hat, klar und deutlich das Ziel der Arbeit sein. Ebenfalls ein wichtiger Bestandteil der systemischen Herangehensweise ist die Hypothesenbildung. Hierbei geht es darum zu hinterfragen, wie sich ein System zu dem entwickelt hat, was es ist. Dazu werden in den Gesprächen die verschiedenen Ideen der professionellen Helfer*innen und der Klient*innen entwickelt. Ziel soll es hierbei sein, alle Ideen in einen Gedanken zusammenzufassen, der somit das deviante Verhalten der Klient*innen erklärt. Als Vorgehensweise eignet sich hierfür das zirkuläre Fragen, bei dem die professionellen Helfer*innen die gestellten Hypothesen durch die Rückmeldung der Klient*innen neu bewerten und formulieren. Da durch das zirkuläre Fragen immer neue Verbindungen zwischen den diversen Erklärungen geschaffen werden, werden die Klient*innen dazu angeregt, von ihrem bisherigen Denken und Handeln abzuweichen. Diese Technik soll die bisherige Wahrnehmung auflösen und neue Sichtweisen und Unterschiede herbeiführen.[33] „Der gedankliche Prozess, der sich an diese zirkulären Fragen bei dem Klient*innen anschließt, ist im Verlauf von größerer Bedeutung für den Veränderungsprozess als vermittelbare Antworten."[34]

5. Fallbeispiel

Für das unten aufgeführte Fallbeispiel bildet vor allem das SGB VIII, als rechtliche Grundlage (vgl. Kap. 2.2) für die Arbeit im ASD des Jugendamtes, die Rahmenbedingungen. Der für dieses Fallbeispiel entscheidende Aspekt ist der Schutz des Kindeswohls. Zielsetzung ist es festzustellen, ob das Kindeswohl gefährdet ist oder nicht. Gemäß §1666 BGB ist das Kindeswohl dann gefährdet, wenn die Kindeseltern nicht gewillt oder in der Lage dazu sind, die Gefahr für das körperliche, geistige oder seelische Wohl des Kindes abzuwenden.

5.1 Ausgangssituation

Das Jugendamt bekommt eine Meldung über eine mögliche Kindeswohlgefährdung durch den Kindergarten. Es ist aufgefallen, dass Frau Mustermann nach Alkohol gerochen habe, als sie ihren Sohn Max vom Kindergarten abgeholt hat. Dem Kindergarten ist bekannt, dass Frau Mustermann zu früheren Zeiten ein Alkoholproblem hatte und man macht sich nun große

---
[33] Vgl. Conen/Cecchin 2022: 145 ff.
[34] Conen/Cecchin 2022: 151

Sorgen. Frau Mustermann ist 35 Jahre alt und lebt allein mit ihrem Sohn Max (vier Jahre alt) in einer Drei-Zimmer-Wohnung. Vom Vater (37 Jahre alt) von Max ist sie schon lange getrennt. Max besucht jedes Wochenende seine Großeltern väterlicherseits. In diesem Besuchskontakt sieht er auch seinen Vater. Die Erzieherin berichtet, dass Frau Mustermann selbst im Kindergarten von ihrer damaligen Suchtproblematik berichtet habe, diese aber damals auch psychologisch behandeln lassen habe und seitdem trocken sei. Zudem berichtet die Erzieherin, dass Frau Mustermann ihr erstes Kind an plötzlichem Kindstod verloren habe und seitdem in psychologischer Behandlung sei. Es ist aufgefallen, dass Frau Mustermann oft sehr belastet wirkt. Die Erzieherin wisse, dass Frau Mustermann derzeit eine Umschulung über das Jobcenter mache und der Prüfungsstress sie ebenfalls stark belaste. Die Mitarbeiterin des Jugendamtes beschließt, einen Hausbesuch bei Frau Mustermann durchzuführen und informiert diese mit der Bitte, dass auch Max bei dem Termin anwesend ist. Mit dem Hausbesuch möchte die Mitarbeiterin des Jugendamtes überprüfen, ob die Aussage der Kindergärtnerin den Tatsachen entspricht, um dann einen geeigneten Lösungsansatz zu finden.

5.2 Konkretes Beispiel

Die Mitarbeiterin des Jugendamtes (MdJ) erscheint am vereinbarten Termin bei Frau Mustermann zuhause. Max ist ebenfalls anwesend und spielt in seinem Zimmer.

MdJ: Guten Tag Frau Mustermann, mein Name ist Theisen vom Jugendamt. Darf ich hereinkommen?

Fr. M.: Hallo, ja kommen Sie gerne herein.

MdJ: Wissen Sie, warum ich Sie heute besuche? Ich hatte Ihnen bereits in meinem Brief mitgeteilt, dass uns eine Meldung bezüglich der Vernachlässigung Ihres Sohnes Max erreicht hat. Bei solchen Meldungen ist das Jugendamt angehalten, diesen nachzugehen und sie zu überprüfen. Meine Aufgabe ist es aber nicht nur, Sie zu überprüfen, sondern Ihnen ebenfalls Hilfe anzubieten, falls dies erforderlich ist. Möchten Sie sich zu den Vorwürfen äußern?

Fr. M.: Ich vernachlässige mein Kind nicht, ich mache alles für Max. Sogar eine Inklusionshilfe für den Kindergarten habe ich bereits beantragt. Und zur Logopädie und Ergotherapie gehen wir auch regelmäßig. Ich habe extra eine Umschulung gemacht, damit ich mehr Geld verdiene und wir hoffentlich bald aus dieser schlimmen Gegend wegziehen können. An den Wochenenden ist Max bei seinen Großeltern, damit ich durcharbeiten kann. Ich hatte früher bereits eine sozialpädagogische Familienhilfe und die Hilfe wurde positiv beendet, das können Sie doch sicher in der Akte sehen.

MdJ: Ich finde es gut, Frau Mustermann, dass Sie so engagiert sind. Dennoch hört sich das für mich nach einem sehr stressigen Alltag an. Und wie schaffen Sie sich Auszeiten für sich?

Fr. M.: Auszeiten habe ich nur an den Wochenenden. Ich erfahre viel Unterstützung durch die Eltern von Max' Vater. Wenn ich an den Wochenenden mal nicht arbeiten muss, besuche ich Max gerne bei Ihnen.

MdJ: Hat Ihnen die Unterstützung durch die sozialpädagogische Familienhilfe damals etwas gebracht? Hat es Ihnen geholfen, sich im Alltag gut zu strukturieren und für sich und Max angenehme Auszeiten zu schaffen?

Fr. M.: (nach kurzem Zögern) Ja …

MdJ: Wie würden die Großeltern von Max Sie und die aktuelle Situation beschreiben?

Fr. M.: Ja, also die sind ja schon froh, wenn sie Max haben. Aber ich denke mal, dass sie schon sagen würden, dass ich überlastet bin. Letztens hat die Großmutter noch gesagt, dass ich so dünn geworden wäre.

MdJ: Es wurde uns ebenfalls mitgeteilt, dass Sie nach Alkohol gerochen haben, als Sie Max aus dem Kindergarten abgeholt haben. Was sagen Sie dazu?

Fr. M.: Ja, früher hatte ich ein Alkoholproblem. Dies habe ich aber selbst erkannt und bin freiwillig in eine Entgiftung mit anschließender Kur. Seitdem bin ich trocken und trinke keinen Alkohol. Ich weiß nicht, was die Erzieherin gerochen haben soll. Ich fühle mich gut im Leben angekommen und auch die Prüfungen zu meiner Umschulung habe ich alle bestanden und bin gut in meinem Job. Max ist sehr sensibel und kann Veränderungen nur schwer akzeptieren. Er ist jetzt seit August im Kindergarten und weint immer noch jeden Morgen, wenn ich dann gehen muss und ihn dort lasse.

MdJ: Ich bedanke mich für die ehrliche Antwort Frau Mustermann. Würden Sie einem Alkoholtest zustimmen?

Fr. M.: Ja klar, warum auch nicht. Ich habe nichts zu verbergen.

MdJ: Sehr gut, dann werde ich das Nötige in die Wege leiten und sobald das Testergebnis vorliegt, werde ich mich bei Ihnen melden.

…

Nach dem Gespräch durfte die Mitarbeiterin des Jugendamtes sich ein Bild von der Wohnung machen und hat auch mit Max gesprochen. Max zeigt sich der Mitarbeiterin gegenüber sehr aufgeschlossen und freundlich. Die Wohnung ist in einem sauberen Zustand, der Kühlschrank ist gut gefüllt. Im Haushalt konnten keine offenen oder zugänglichen Alkoholflaschen gesehen werden. Das Gespräch mit Max und Frau Mustermann konnte positiv beendet werden. Der Alkoholtest war negativ. Doch durch die belastende Situation wollte Frau Mustermann die Hilfe einer sozialpädagogischen Familienhilfe erneut in Anspruch nehmen und bat das Jugendamt um Hilfe.

5.3 Methodische Reflektion

Am Beispiel des Gespräches beim Hausbesuch sind einige Elemente aus der systemischen Praxis aufgegriffen und der Zwangskontext wurde ebenfalls beachtet. Einleitend wurde die Klientin über den Auftrag und die Rolle der Mitarbeiterin des Jugendamtes im Rahmen des Zwangskontextes aufgeklärt. Dies erfolgte durch den Hinweis der Mitarbeiterin des Jugendamtes über deren Kontroll- und Hilfefunktion. Durch die offene und ehrliche Herangehensweise soll eine gute Vertrauensbasis geschaffen werden. Außerdem zeigt die Mitarbeiterin des Jugendamtes Verständnis für die Situation der Klientin. Sie akzeptiert deren Unabhängigkeit und zeigt damit auch die Akzeptanz der Lebenswelt der Klientin. Nichtsdestotrotz macht die Mitarbeiterin des Jugendamtes klare Aussagen und weist auf die Kontrollfunktion durch den Alkoholtest hin. Durch das kurze Gespräch während des Hausbesuches wird der Baustein für eine gemeinsame Zusammenarbeit dadurch gelegt, dass die Mitarbeiterin des Jugendamtes versucht neue Perspektiven zu schaffen. Bei der Frage „Hat Ihnen die Unterstützung durch die sozialpädagogische Familienhilfe damals etwas gebracht? Hat es Ihnen geholfen, sich im Alltag gut zu strukturieren und für ich und Max angenehme Auszeiten zu schaffen?" lässt die Mitarbeiterin des Jugendamtes für Frau Mustermann nur zwei Optionen zur Wahl. Wenn sie sich nicht entscheiden konnte, musste sich Frau Mustermann nun für eine Antwort entscheiden. Eine nicht getroffene Entscheidung würde sie nur noch mehr belasten. Mit der zirkulären Frage „Wie würden die Großeltern von Max Sie und die aktuelle Situation beschreiben?" schafft die Mitarbeiterin des Jugendamtes es, dass die Klientin sich mit der Perspektive der Großeltern auseinandersetzt. Alles in allem stellt dieses Gespräch beim Hausbesuch eine gute Arbeitsgrundlage dar, um die erkannten Probleme anzugehen.

6. Fazit

Wie gelingt gute Beziehungsarbeit trotz Zwangskontext am Beispiel der Arbeit im ASD des Jugendamtes? Dies war die Fragestellung, der mit dieser Hausarbeit nachgegangen wurde. Betrachtet man die sozialen Probleme zwischen den Menschen durch die systemische Praxis fällt auf, dass diese eine gute Möglichkeit ist, um die Vielzahl an Probleme vorerst zu ordnen. Es ist sinnvoll, dass die professionellen Helfer*innen des ASD bereits im Vorfeld der Beziehungsarbeit mit den Klient*innen keine an den Defiziten orientierte Haltung einnehmen, sondern eine systemisch-lösungsorientiere pädagogische Haltung. Dadurch machen sie die Klient*innen zu Akteuren ihres eigenen Lebens und nicht bloß zu „Trittbrettfahrern" im Zwangskontext, ohne eigene Steuerungsmöglichkeiten. Durch die Wahrnehmung und Akzeptanz der Person der Klient*innen kann eine gute Vertrauensbasis geschaffen werden, die es trotz Zwangskontext möglich macht, eine gute Beziehung zu entwickeln. Denn auf Grundlage einer guten Beziehung ist auch die Erfolgswahrscheinlichkeit einer Hilfemaßnahme größer. Dies ist im Zwangskontext besonders hervorzuheben, denn weder die professionellen Helfer*innen noch die Klient*innen haben sich einander ausgesucht. Durch eine systemische, neutrale Grundhaltung der professionellen Helfer*innen und deren Zutrauen in die Fähigkeiten der Klient*innen kann eine konstruktive Arbeit gewährleistet werden. Ebenso durch das fokussieren der Ziele und das Erkennen von vorhandenen Ressourcen. Doch auch die ressourcen- und lösungsorientierten Vorgehensweisen haben ihre Grenzen. Diese liegen meist in den Rahmenbedingungen oder in übergeordneten Zusammenhängen. Darum ist es unabdingbar, eine gute Beziehung im Zwangskontext aufzubauen.

Literaturverzeichnis

CONEN, M.-L. (2014). Kinderschutz: Kontrolle oder Hilfe zur Veränderung? In Soziale Arbeit kontrovers (SAk) 9. Berlin: Verlag des Deutschen Vereins für öffentliche und private Fürsorge e.V.

CONEN, M.-L., CECCHIN, G. (2022). Wie kann ich Ihnen helfen, mich wieder loszuwerden – Therapie und Beratung mit unmotivierten Klienten und in Zwangskontexten. 8. Auflage. Heidelberg: Carl-Auer Verlag

GERBER, K. (2015). Den Auftrag aushandeln – Lösungsorientierung im Zwangskontext. In EGER, F. (Hrsg) (2015) Lösungsorientierte Soziale Arbeit. Heidelberg: Carl-Auer Verlag. S. 101 - 116

GUMPINGER, M. (2001b). Zwangsbeglückung oder Wie viel Freiwilligkeit braucht Soziale Arbeit? In GUMPINGER, M. (Hrsg). Soziale Arbeit mit unfreiwilligen KlientInnen. Linz: Edition pro mente

KLUG, W., ZOBRIST P. (2016). Motivierte Klienten trotz Zwangskontext – Tools für die Soziale Arbeit. 2., aktualisierte Auflage. München: Ernst Reinhardt, GmbH & Co KG, Verlag

KRON-KLEES, F. (2005). Der Erstkontakt mit Klienten und Klientinnen im Rahmen der öffentlichen Jugendhilfe. In Ritscher, W. (Hrsg.) (2005). Systemische Kinder- und Jugendhilfe – Anregungen für die Praxis. Heidelberg: Carl-Auer Verlag. S. 84 – 100

NEUFFER, M. (2013). Case Management. Soziale Arbeit mit Einzelnen und Familien. 5. Auflage. Weinheim und Basel: Beltz Juventa

NONNINGER, S., MEYSEN, T. (2015). Kinder- und Jugendhilfe (SGB VIII). In MERCHEL, J. (Hrsg.) (2015). Handbuch Allgemeiner Sozialer Dienst (ASD). 2., aktualisierte Auflage. München: Ernst Reinhardt, GmbH & Co KG, Verlag. S. 88 - 104

NONNINGER, S., MEYSEN, T. (2015). Familienrecht und familiengerichtliches Verfahren (FamFG). In MERCHEL, J. (Hrsg.) (2015). Handbuch Allgemeiner Sozialer Dienst (ASD). 2., aktualisierte Auflage. München: Ernst Reinhardt, GmbH & Co KG, Verlag. S. 123 - 133

NOMOS GESETZE (2020). Gesetze für die Soziale Arbeit, 10. Auflage, Baden-Baden: Nomos Verlagsgesellschaft

RITSCHER, W. (Hrsg.) (2005). Systemische Kinder- und Jugendhilfe – Anregungen für die Praxis. Heidelberg: Carl-Auer Verlag

SCHÄFTER, C. (2010). Die Beratungsbeziehung in der Sozialen Arbeit – Eine theoretische und empirische Annäherung. Wiesbaden: GWV Fachverlag GmbH

SPECHT, H., VICKERY, A. (1980). Methodenintegration in der Sozialarbeit. Freiburg: Lambertus Verlag

VON SCHLIPPE, A., SCHWEITZER, J. (2016). Lehrbuch der systemischen Therapie und Beratung I, 3., unveränderte Auflage. Göttingen: Vandenhoek & Ruprecht GmbH & Co KG

WINKELMANN, I. (2020). Systemisch-ressourcenorientiertes Arbeiten in der Jugendhilfe. 2. Auflage. Heidelberg: Carl-Auer Verlag

Internetquellen:

FAMILIEN HANDBUCH (o.J.). https://www.familienhandbuch.de/familie-leben/recht/kinder-jugendliche/gesetzlicheregelungenzumkinderundjugendschutz.php letzter Zugriff am 18.07.2022

BEI GRIN MACHT SICH IHR WISSEN BEZAHLT

- Wir veröffentlichen Ihre Hausarbeit, Bachelor- und Masterarbeit

- Ihr eigenes eBook und Buch - weltweit in allen wichtigen Shops

- Verdienen Sie an jedem Verkauf

Jetzt bei www.GRIN.com hochladen und kostenlos publizieren